INTERMEDIATE Level II

중급 II

Korean Writing for University Life

대학 생활을 위한 한국어 쓰기

연세대학교 한국어학당 편

연세대학교 대학출판문화원

대학 생활을 위한
한국어 쓰기 (중급 Ⅱ)

편저자 연세대학교 한국어학당 교재편찬위원회
집필진 김미옥 · 민지숙 · 윤은미 · 이기성 · 김미정 · 최주리
펴낸곳 연세대학교 대학출판문화원

주소 서울시 서대문구 연세로 50
전화 02) 2123-3380~2
팩스 02) 2123-8673
ysup@yonsei.ac.kr
http://www.yonsei.ac.kr/press
등록 1955년 10월 13일 제9-60호
인쇄 (주)동국문화
삽화 문춘경

2012년 5월 25일 1판 1쇄
2018년 9월 27일 1판 4쇄
ISBN 978-89-7141-986-1 (08710)
978-89-7141-977-9 (세트)

값 9,000원

머리말

국내 최고의 명성으로 한국어 교육의 50년 전통을 이어 온 연세대학교 언어연구교육원 한국어학당에서는 한국어 교육의 질을 높이기 위해 그동안 많은 교재를 편찬해 왔다. 최근 한국 내 대학, 대학원에서 수학하고 있거나 진학하고자 하는 외국인이 증가함에 따라 학문을 목적으로 하는 한국어 교재에 대한 학습자들의 요구가 높아지고 있다. 이에 따라 연세대학교 언어연구교육원 한국어학당에서는 대학 수학을 목적으로 하는 외국인 유학생들을 대상으로 한국어와 한국 문화를 교육할 수 있는 새로운 교재를 출간하게 되었다.

연세대학교 언어연구교육원 한국어학당에서 출간하는 이 교재는 대학 생활에 필요한 의사소통 기능을 집중적으로 향상시킬 수 있는 『대학 생활을 위한 한국어』 시리즈와 대학에서의 수학 능력을 집중적으로 향상시킬 수 있는 『대학 강의 수강을 위한 한국어』 시리즈로 되어 있다. 『대학 생활을 위한 한국어』 시리즈는 초급 학습자를 위한 『대학 생활을 위한 한국어 초급』, 중급 학습자를 위한 『대학 생활을 위한 한국어 중급Ⅰ』, 『대학 생활을 위한 한국어 중급Ⅱ』로 되어 있으며, 『대학 강의 수강을 위한 한국어』 시리즈는 중급 학습자를 위한 『대학 강의 수강을 위한 한국어 중급Ⅰ』, 『대학 강의 수강을 위한 한국어 중급Ⅱ』, 그리고 고급 학습자를 위한 『대학 강의 수강을 위한 한국어 고급』으로 되어 있다.

『대학 생활을 위한 한국어』 시리즈는 한국어 학습 단계별로 요구되는 내용을 주제로 말하기, 듣기, 쓰기 능력을 향상할 수 있도록 다양한 과제와 활동으로 구성된 분리형 교재이다. 그리고 『대학 강의 수강을 위한 한국어』 시리즈는 대학 수학에서 요구되는 기능과 장르를 중심으로 말하기, 듣기, 쓰기, 읽기 능력을 향상할 수 있도록 실용적인 과제와 활동으로 구성된 분리형 교재이다. 이들 교재에서는 학습자들이 흥미를 가질 수 있는 주제와 상황을 기초로 여러 가지 의사소통 기능 및 전략을 배울 수 있도록 배려하였다.

『대학 생활을 위한 한국어』와 『대학 강의 수강을 위한 한국어』가 연세대학교 언어연구교육원 한국어학당에서 공부하는 학생들뿐만 아니라 한국 내에서 대학, 대학원 수학을 목적으로 하고 있는 모든 한국어 학습자들에게 도움이 되기를 바란다.

연세대학교 언어연구교육원
한국어학당 교재편찬위원회

일러두기

- '대학 생활을 위한 한국어 쓰기 중급 Ⅱ'는 총 10개의 단원으로 이루어져 있으며, 각 주제에 관련된 내용을 글로 표현할 수 있도록 내용을 구성하였다.
- 각 단원은 모두 **[준비해 봅시다]**, **[써 봅시다]**, **[정리해 봅시다]**의 세 단계로 구성되었다.
- 각 단원의 첫 부분에 제목과 학습목표를 제시하였다.

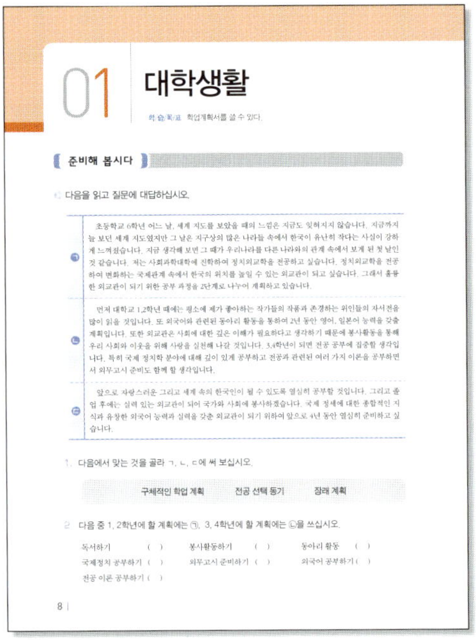

- **준비해 봅시다**

  도입 단계로서 각 단원의 학습목표 기능과 관련된 지식을 배양할 수 있는 읽기 활동으로 구성되었다.

- **써 봅시다**

  전체 담화를 몇 개의 단계로 나누어, 부분 연습에서 전체 연습으로 단계적으로 진행하도록 구성하였다.

각 단계는 글의 구성요소 별로 분리하여 각 단락을 연습할 수 있도록 예시 글과 쓰기 활동을 제시하였다.

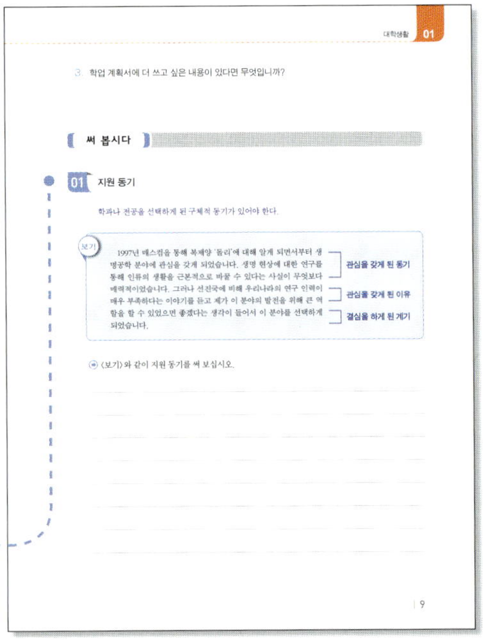

과제는 각 단계별로 분리 연습한 글을 기반으로 하여 학습자가 상황에 맞도록 혹은 주제와 관련하여 다양한 다단락의 글을 자유롭게 구성할 수 있도록 자료와 활동지가 제시된다.

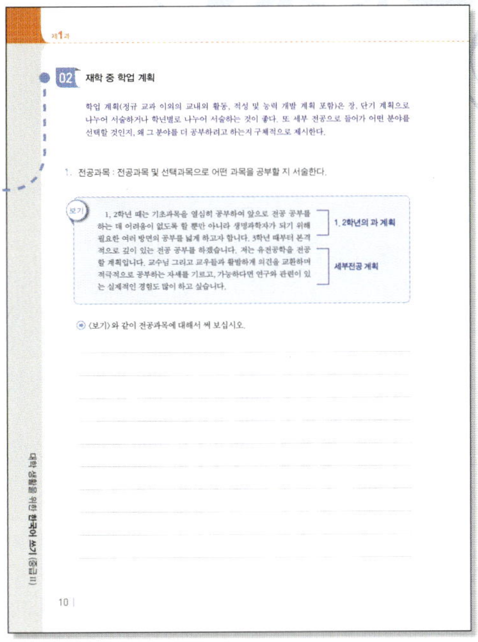

제1과

02 재학 중 학업 계획

학업 계획(정규 교과 이외의 교내외 활동, 적성 및 능력 개발 계획 포함)은 장, 단기 계획으로 나누어 서술하거나 학년별로 나누어 서술하는 것이 좋다. 또 세부 전공으로 들어가 어떤 분야를 선택할 것인지, 왜 그 분야를 더 공부하려고 하는지 구체적으로 제시한다.

1. 전공과목 : 전공과목 및 선택과목으로 어떤 과목을 공부할 지 서술한다.

보기

1, 2학년 때는 기초과목을 열심히 공부하여 앞으로 전공 공부를 하는 데 어려움이 없도록 할 뿐만 아니라 생명과학자가 되기 위해 필요한 여러 방면의 공부를 넓게 하고자 합니다. 3학년 때부터 본격적으로 깊이 있는 전공 공부를 하겠습니다. 저는 유전공학을 전공할 계획입니다. 교수님 그리고 교우들과 활발하게 의견을 교환하며 적극적으로 공부하는 자세를 기르고, 가능하다면 연구와 관련이 있는 실제적인 경험도 많이 하고 싶습니다.

1, 2학년의 과 계획

세부전공 계획

〈보기〉와 같이 전공과목에 대해서 써 보십시오.

대학 생활을 위한 한국어 쓰기 (중급 II)

10

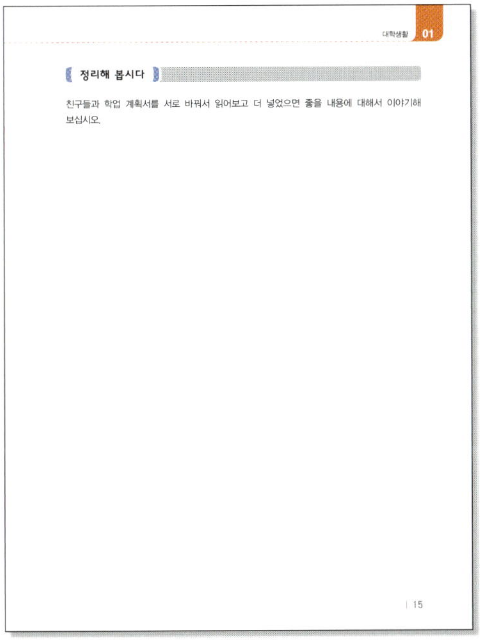

대학생활 01

정리해 봅시다

친구들과 학업 계획서를 서로 바꿔서 읽어보고 더 넣었으면 좋을 내용에 대해서 이야기해 보십시오.

15

- **정리해 봅시다**

쓴 글을 발표하게 하거나 본인 혹은 다른 사람의 글을 평가하게 하는 등의 활동을 통해 쓰기 활동을 정리하고 마무리한다.

차례

머리말 / 3
일러두기 / 4
내용구성 / 7

제1과 대학 생활 ········ 8
제2과 학교 행사 ········ 16
제3과 성격 ········ 22
제4과 실수와 사과 ········ 28
제5과 부탁과 거절 ········ 34
제6과 서비스센터 ········ 40
제7과 변화 ········ 46
제8과 인터넷 ········ 52
제9과 대중문화 ········ 58
제10과 건강 ········ 64

모범 답안 / 72

내용 구성

과	제목	학습 목표	텍스트 유형	기능
1	대학생활	학업계획서를 쓸 수 있다.	학업계획서	학업계획서 쓰기
2	학교 행사	행사를 알리는 안내문을 쓸 수 있다.	안내문	안내문 쓰기
3	성격	성격으로 인한 문제에 대한 상담 메일을 쓸 수 있다.	이메일	상담 메일 쓰기
4	실수와 사과	수필 형식의 실수담을 쓸 수 있다.	수필	실수담 쓰기
5	부탁과 거절	공공시설에 대해 건의하는 글을 쓸 수 있다.	건의문	건의하는 글쓰기
6	서비스센터	인터넷 게시판에 서비스 개선을 요구하는 글을 쓸 수 있다.	요청문	게시판 글쓰기
7	변화	변화를 나타내는 자료를 보고 설명하는 글을 쓸 수 있다.	설명문	자료 보고 설명하는 글쓰기
8	인터넷	인터넷과 관련된 주제로 주장하는 글을 쓸 수 있다.	논술문	주장하는 글쓰기
9	대중문화	영화를 자신의 감상을 쓸 수 있다.	감상문	감상 쓰기
10	건강	주어진 정보를 이용하여 기삿글을 쓸 수 있다.	기사문	기삿글 쓰기

01 대학생활

학/습/목/표 학업계획서를 쓸 수 있다.

준비해 봅시다

◎ 다음을 읽고 질문에 대답하십시오.

ㄱ	초등학교 6학년 어느 날, 세계 지도를 보았을 때의 느낌은 지금도 잊혀지지 않습니다. 지금까지 늘 보던 세계 지도였지만 그 날은 지구상의 많은 나라들 속에서 한국이 유난히 작다는 사실이 강하게 느껴졌습니다. 지금 생각해 보면 그 때가 우리나라를 다른 나라와의 관계 속에서 보게 된 첫 날인 것 같습니다. 저는 사회과학대학에 진학하여 정치외교학을 전공하고 싶습니다. 정치외교학을 전공하여 변화하는 국제 관계 속에서 한국의 위치를 높일 수 있는 외교관이 되고 싶습니다. 그래서 훌륭한 외교관이 되기 위한 공부 과정을 2단계로 나누어 계획하고 있습니다.
ㄴ	먼저 대학교 1,2학년 때에는 평소에 제가 좋아하는 작가들의 작품과 존경하는 위인들의 자서전을 많이 읽을 것입니다. 또 외국어와 관련된 동아리 활동을 통하여 2년 동안 영어, 일본어 능력을 갖출 계획입니다. 또한 외교관은 사회에 대한 깊은 이해가 필요하다고 생각하기 때문에 봉사 활동을 통해 우리 사회와 이웃을 위해 사랑을 실천해 나갈 것입니다. 3,4학년이 되면 전공 공부에 집중할 생각입니다. 특히 국제 정치학 분야에 대해 깊이 있게 공부하고 전공과 관련된 여러 가지 이론을 공부하면서 외무고시 준비도 함께 할 생각입니다.
ㄷ	앞으로 자랑스러운 그리고 세계 속의 한국인이 될 수 있도록 열심히 공부할 것입니다. 그리고 졸업 후에는 실력 있는 외교관이 되어 국가와 사회에 봉사하겠습니다. 국제 정세에 대한 종합적인 지식과 유창한 외국어 능력과 실력을 갖춘 외교관이 되기 위하여 앞으로 4년 동안 열심히 준비하고 싶습니다.

1. 다음에서 맞는 것을 골라 ㄱ, ㄴ, ㄷ에 써 보십시오.

ㄱ (　　　　　)　　ㄴ (　　　　　)　　ㄷ (　　　　　)

구체적인 학업 계획　　전공 선택 동기　　장래 계획

2. 다음 중 1, 2학년에 할 계획에는 ㉮, 3, 4학년에 할 계획에는 ㉯를 쓰십시오.

독서하기	(　)	봉사 활동하기	(　)	동아리 활동	(　)
국제정치 공부하기	(　)	외무고시 준비하기	(　)	외국어 공부하기	(　)
전공 이론 공부하기	(　)				

3. 학업 계획서에 더 쓰고 싶은 내용이 있다면 무엇입니까?

써 봅시다

01 지원 동기

학과나 전공을 선택하게 된 구체적 동기가 있어야 한다.

보기

1997년 매스컴을 통해 복제양 '돌리'에 대해 알게 되면서부터 생명공학 분야에 관심을 갖게 되었습니다. 생명 현상에 대한 연구를 통해 인류의 생활을 근본적으로 바꿀 수 있다는 사실이 무엇보다 매력적이었습니다. 그러나 선진국에 비해 우리나라의 연구 인력이 매우 부족하다는 이야기를 듣고 제가 이 분야의 발전을 위해 큰 역할을 할 수 있었으면 좋겠다는 생각이 들어서 이 분야를 선택하게 되었습니다.

- 관심을 갖게 된 동기
- 관심을 갖게 된 이유
- 결심을 하게 된 계기

〈보기〉와 같이 지원 동기를 써 보십시오.

02 재학 중 학업 계획

학업 계획(정규 교과 이외의 교내외 활동, 적성 및 능력 개발 계획 포함)은 장, 단기 계획으로 나누어 서술하거나 학년별로 나누어 서술하는 것이 좋다. 또 세부 전공으로 들어가 어떤 분야를 선택할 것인지, 왜 그 분야를 더 공부하려고 하는지 구체적으로 제시한다.

1. 전공과목 : 전공과목 및 선택과목으로 어떤 과목을 공부할 지 서술한다.

보기

1, 2학년 때는 기초과목을 열심히 공부하여 앞으로 전공 공부를 하는 데 어려움이 없도록 할 뿐만 아니라 생명과학자가 되기 위해 필요한 여러 방면의 공부를 넓게 하고자 합니다. 3학년 때부터 본격적으로 깊이 있는 전공 공부를 하겠습니다. 저는 유전공학을 전공할 계획입니다. 교수님 그리고 교우들과 활발하게 의견을 교환하며 적극적으로 공부하는 자세를 기르고, 가능하다면 연구와 관련이 있는 실제적인 경험도 많이 하고 싶습니다.

1, 2학년의 계획

세부전공 계획

〈보기〉와 같이 전공과목에 대해서 써 보십시오.

2. 적성 및 능력 계발 : 적성과 능력을 계발하기 위해 구체적으로 어떻게 할 것인지 계획을 밝힌다.

보기

특히 영어 공부는 필요한 지식을 배우기 위한 기초가 되므로 TOEIC 850점, TOEFL 110점을 목표로 영어 공부에 집중할 예정입니다. 또 2학년을 마치고 1년 정도의 어학연수를 통해 영어 실력을 높여, 외국인들과 전공 관련 문제뿐만 아니라 다양한 관심사에 대한 의견을 교환하면서 그들의 사고방식을 이해하고 싶습니다. — **능력, 적성 계발 계획**

➡ 〈보기〉와 같이 적성과 능력 계발 계획에 대해 써 보십시오.

3. 교내외 활동 : 전공과 연관 있는 동아리 활동, 또는 관심 있는 사회 활동 등을 쓴다.

보기

또한 사회 봉사 활동도 다양하게 경험하겠습니다. 그동안은 입시 준비 때문에 봉사 활동에 거의 참여하지 못했습니다. 그러나 남을 사랑하는 마음은 과학을 공부하는 학생의 기본적 자세가 되어야 하며, 봉사 활동과 같은 사랑의 실천은 꼭 필요한 과정이라고 생각합니다. — **교외 활동**

방학 때는 국내, 국외 여행을 자주 하여 사고를 넓히고자 합니다. 여행은 인간을 깊고 넓게 만들어 줍니다. 이를 위해 여행 관련 동아리에 가입할 예정입니다. — **교내 활동**

⇨ 〈보기〉와 같이 교내외 활동에 대해 써 보십시오.

03 졸업 후 계획

학업을 마친 후 배운 내용을 그 이후의 활동과 어떻게 연결시킬 것인가에 대한 것을 서술한다. 단순히 어떤 직업을 선택하겠다는 식으로 쓰는 것보다는 그러한 선택으로 인생 전체를 어떻게 이끌어 나갈 것인지를 설명하는 것이 좋다.

1. 대학원 진학 여부(선택) 등 학문에 대한 계획

보기

대학 졸업 후에는 한국대학교 생명공학원에 진학하여 구체적으로 연구에만 집중하여 국제적 수준의 연구실적으로 석 · 박사 과정을 마치고, 그 후에 외국 대학에서 박사 후 과정을 하면서 해외의 우수한 생명공학자들과 다양한 연구 경험을 나누고자 합니다.

- **대학 졸업 이후 계획**
- **학문적 계획**

⇨ 〈보기〉와 같이 졸업 후 진학 등 학문적 계획에 대해 써 보십시오.

2. 전문 직업을 통한 자아실현

보기

많은 연구 경험을 쌓은 후, 기회가 주어진다면 대학교수로서 후배를 가르치고, 사회발전을 위해 일하고 싶은 마음도 있습니다.] 직업을 통한 인생 계획

한국대학교 생명과학부는 저에게 이러한 꿈을 이루기 위한 가장 훌륭한 곳이 되리라 믿습니다.] 맺는 말

〈보기〉와 같이 전문 직업을 통한 자아실현에 대해 써 보십시오.

과제 학업 계획서 쓰기

1. 학업 계획서에 쓸 내용을 다음 표에 간단히 메모하십시오.

지원동기	
재학중 학업 계획	
졸업 후 계획	

2. 학업 계획서를 써 보십시오.

정리해 봅시다

친구들과 학업 계획서를 서로 바꿔서 읽어보고 더 넣었으면 좋을 내용에 대해서 이야기해 보십시오.

02 학교행사

학/습/목/표 행사를 알리는 안내문을 쓸 수 있다.

준비해 봅시다

◎ 다음을 읽고 질문에 대답하십시오.

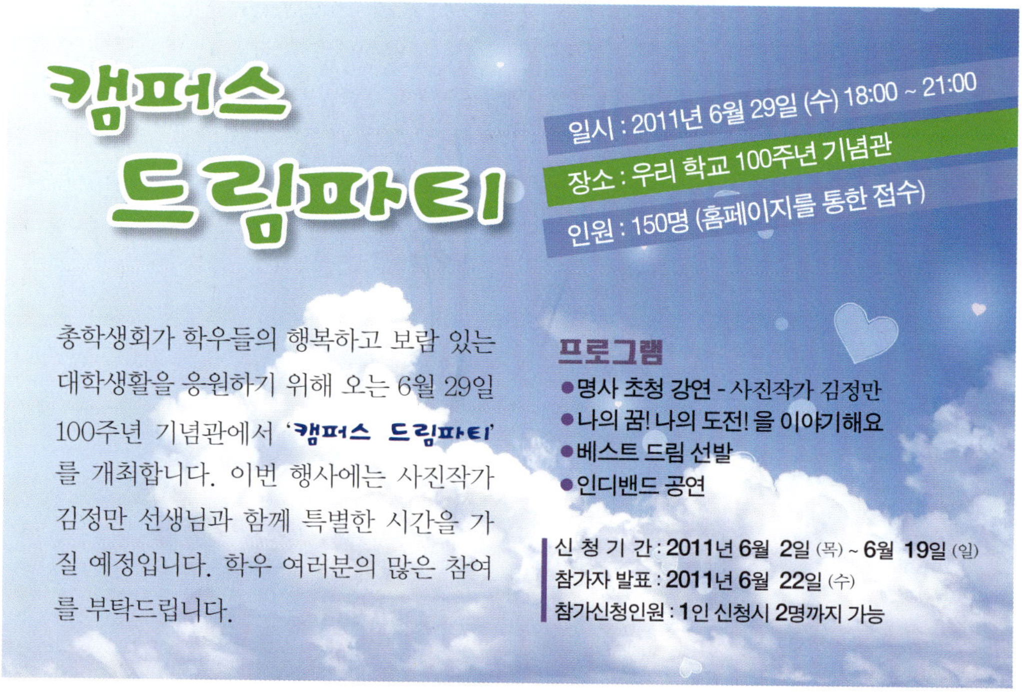

1. 무엇을 알리는 글입니까?

2. 위 글에서 알 수 없는 것은 무엇입니까? (　　)

   ① 행사를 왜 하는지　　② 행사를 어디에서 하는지

   ③ 행사 신청을 어떻게 하는지　　④ 행사에서 어떤 노래를 하는지

3. 이러한 안내문에 반드시 들어가야 할 내용에 대해서 이야기해 봅시다.

써 봅시다

01 인사

행사 기획자에 대한 간단한 소개와 대상자를 밝힌다.

보기

행사 이름	문과대 학술제
기획자	문과대학 학생회
대상자	우리 학교 전 학생

안녕하세요. 문과대학 학생회입니다.

문과대 학생회에서는 각자의 학문에서 최선을 다하는 학생들을 위하여 문과대 학술제를 기획하였습니다. 전공 분야뿐만 아니라 평소에 관심이 있었던 분야들을 한자리에서 같이 이야기 할 수 있는 뜻 깊은 자리가 되었으면 합니다.

➡ 다음의 내용으로 〈보기〉와 같이 행사에 대한 인사를 써 보십시오.

행사 이름	재즈 필(Jazz Feel) 제9회 대공연
기획자	재즈댄스 동아리
대상자	전교생

02 기획 의도

행사의 주요 목적을 밝힌다.

보기

[행사 목적]
- 각자의 학과에서 연구하는 것, 연구 방향, 앞으로 나가야 할 방향, 과제 소개
- 자신의 학문에 대해 바로 알기
- 서로 다른 학문들과의 소통의 자리를 마련

이번 학술제를 통해 지금 우리의 학과에서 연구하는 것은 무엇인지, 어떠한 방향으로 나아가고 있는지 그리고 앞으로 나아가야 할 방향과 과제는 무엇인지 등에 대해 이야기하고자 합니다. 또한 지금 우리가 연구하는 학문을 바로 알고 올바르게 정립하여 함께 서로에 대하여 이해하고 소통할 수 있는 자리를 마련하는 것이 이번 학술제의 목적입니다.

다음의 내용으로 〈보기〉와 같이 행사에 대한 기획 의도를 써 보십시오.

[행사 목적]
- 그동안 연습한 창작 재즈댄스를 전교생에게 소개
- 재즈댄스에 대한 학생들의 관심 모으기
- 동아리 회원 모으기

03 내용

행사 내용을 쉽게 알 수 있도록 날짜별, 시간별로 소개한다.

보기

[행사 내용]

학술제 첫째 날(5월 10일)에는 국어국문과에서 '한국어 어휘 교육 연구'에 대해서 발표하고 둘째 날(5월 11일)에는 심리학과에서 '청소년의 반사회적 행동 이해'에 대해서 발표하며 셋째 날(5월 12일)에는 김의혁 교수가 '디지털 사회와 문학'이라는 주제로 초청강연을 합니다.

▶ 첫째 날 (5월 10일) : '한국어 어휘 교육 연구' – 국어국문과
▶ 둘째 날 (5월 11일) : '청소년의 반사회적 행동 이해' – 심리학과
▶ 셋째 날 (5월 12일) : 【초청강연】 '디지털 사회와 문학' – 김의혁 교수

➡ 다음의 내용으로 〈보기〉와 같이 행사에 대한 내용을 써 보십시오.

[행사 내용]

공연은 약 2시간 30분쯤으로 5팀이 공연하며 1부와 2부로 나뉩니다. 1부는 1시간 30분 동안 3팀이 재즈 댄스 공연을 하며 2부는 1시간 동안 2팀의 재즈 댄스 팀과 비보이 3명이 합동 공연을 합니다.

---

04 일정 및 장소

날짜와 장소를 쉽게 알 수 있도록 기술한다.

보기

[일정 및 장소]

행사는 2011년 5월 10일(화)부터 5월 12일(목)까지 3일간입니다. 1부는 오후 6시 30분부터 7시 10분까지이며 2부는 7시 30분부터 8시까지입니다. 단, 셋째 날(12일)은 오후 6시부터 7시 30분까지 입니다. 그리고 장소는 학술정보원 6층 소강당입니다.

- ▶ 날짜 : 2011년 5월 10일 (화) ~ 5월 12일 (목)
- ▶ 시간 : 1부 18:30 ~ 19:10 2부 19:30 ~ 20:00 ※ 12일(목) : 18:00 ~ 19:30
- ▶ 장소 : 학술정보원 6층 소강당

➡ 다음의 내용으로 〈보기〉와 같이 행사에 대한 일정 및 장소를 써 보십시오.

[일정 및 장소]

5월 14일과 15일 이틀간 4시와 7시 하루 2회 공연을 할 예정이며 장소는 우리 학교 대강당입니다. 입장료는 1인당 5,000원이고 특별 손님으로 비보이 동아리 회원 3명이 출연할 예정입니다.

과제 안내문 쓰기

1. 다음 중 하나를 골라 안내문에 쓸 내용을 다음 표에 간단히 메모하십시오.

- 동아리에서 주최하는 축제 행사
- 단과대에서 주최하는 명사 초청 강연회
- 학과에서 주최하는 졸업생 환송회

인사	
기획 의도	
내용	
일정 및 장소	

2. 안내문을 써 보십시오.

정리해 봅시다

각자 만든 안내문을 친구와 바꾸어 읽어 보고 다음 요소들이 들어 있는지 표시해 보십시오.

인사말	☐	행사 기획자	☐	행사 대상자	☐	행사 목적	☐
행사 내용	☐	행사 일정	☐	행사 장소	☐	행사 참석자	☐

03 성격

학/습/목/표 성격으로 인한 문제에 대한 상담 메일을 쓸 수 있다.

준비해 봅시다

◎ 다음을 읽고 질문에 대답하십시오.

상담 센터 선생님 귀하

안녕하세요? 저는 경영학과 1학년에 재학 중인 남학생입니다. 이렇게 메일을 드리는 것은 다름이 아니라 제 성격 때문에 교우관계에 문제가 있어서입니다.

저는 지나치게 솔직해서 친구들에게 하고 싶은 말을 직접적으로 한다든가 화가 나면 바로 화를 내 버리기도 합니다. 그런데 고등학교 때까지는 초등학교부터 같이 지내던 친구들이 많아서 친구들과 별 문제 없이 지냈습니다. 그 친구들은 어렸을 때부터 제 성격을 잘 알고 있었기 때문에 서로 이해하며 지냈던 것 같습니다. 저는 대학교 친구들도 이런 제 성격을 이해해 줄 거라고 생각했습니다. 그러나 그것은 저의 착각이었습니다. 아무 생각 없이 한 농담으로 동아리 친구의 기분을 나쁘게 만들기도 하고 같은 과 여자 친구들에게 화장을 진하게 했다고 솔직하게 얘기를 했다가 그 친구들을 화나게 만들기도 했습니다. 저는 좋은 뜻으로 얘기했는데 그 친구들은 저에 대해서 안 좋은 인상을 가지게 된 것 같습니다. 몇 번 이런 일들이 생기고 나니 과 친구들이나 동아리 친구들이 저하고 친하게 지내려고 하지 않습니다. 발표나 모임에 저를 끼워 주지도 않고 저하고는 깊이 있는 대화도 하려고 하지 않습니다.

저도 저의 문제점을 알고 있습니다. 하지만 고치려고 해도 어떻게 해야 할지 방법을 모르겠습니다. 앞으로 친구들과 즐거운 대학생활을 하고 싶은데 어떻게 하면 모두에게 호감을 주는 사람이 될 수 있을지 가르쳐 주십시오. 선생님의 따뜻한 조언을 부탁드립니다. 그럼 선생님의 답변을 기다리며 이만 줄이겠습니다.

1. 무엇에 대한 글입니까? ( )

❶ 상담을 청하는 글 ❷ 상담에 대한 답변의 글
❸ 상담 센터 이용에 대한 글 ❹ 상담 선생님께 안부를 전하는 글

2. 이 글에서 알 수 없는 것은 무엇입니까? ( )

❶ 글쓴이의 성격 ❷ 글쓴이의 고민
❸ 글쓴이의 대학 생활 ❹ 글쓴이의 가정환경

3. 여러분은 어떤 문제에 대해서 상담 메일을 쓰겠습니까?

써 봅시다

01 첫머리

자기소개 및 메일을 쓰게 된 동기를 간단히 밝힌다.

보기

신상	영문학과 대학원 2학기 후 휴학 중인 여학생
동기	학업 문제

상담 센터 담당자께

안녕하세요? 저는 영문학과 대학원 2학기를 마치고 휴학 중인 여학생입니다. 학업 문제로 고민이 많아 상담을 하고 싶어서 이렇게 메일을 보냅니다.

➡ 다음의 내용으로 〈보기〉와 같이 상담 메일의 첫머리를 써 보십시오.

신상	공과대학 3학년 여학생
동기	학과 적응이 어려움.

02 사연

성격과 관련된 고민의 내용을 밝히고 자신의 배경을 설명해 줄 수 있는 성격, 자라온 환경, 취미 등을 쓴다. 아울러 상담자에게 부탁이나 요청 사항이 있으면 덧붙여 쓴다.

보기

구체적 고민 내성적이고 소극적인 성격으로 수업 시간에 발표를 제대로 하지 못함.

요청 사항 '자신감 기르기' 프로그램에 대한 정보를 얻고 싶음.

저는 성격상 다른 사람 앞에서 발표를 잘 못해 고민이 많습니다. 대학원 수업에서 발표라도 있는 날이면 일주일 전부터 잠도 제대로 못 잘 정도로 걱정이 됩니다. 저는 어렸을 때부터 내성적이고 소극적이어서 친구들과 잘 어울려 지내지 못했습니다. 그래서 활발하고 원만한 친구들이 참 부러웠습니다. 대학 시절에도 그냥 조용히 지냈습니다. 수업 시간의 발표도 같은 팀의 다른 친구가 했고 저는 자료 준비만 했습니다. 그러나 대학원 수업은 팀으로 하는 게 아니라 개인 발표이기 때문에 제가 하지 않으면 안 됩니다. 저는 자료 준비에서 정리, 연습까지 아무리 완벽하게 발표 준비를 해도 발표 시간이 되면 어찌나 떨리는지 아는 것도 말하지 못하고, 그런 이유로 발표가 끝난 뒤에는 제 자신이 한심하다는 생각이 들곤 합니다. 이 모든 것은 저의 소심한 성격 때문이라고 생각됩니다. 이런 제 성격을 고칠 수 있는 좋은 방법이나 훈련은 없을까요? 상담센터에 자신감 기르기라는 프로그램이 있던데 거기에 참가하면 자신감을 키우는 데 도움이 될까요? 그 프로그램에 대해서 자세히 알고 싶습니다. 안내 책자가 있으면 보내주시기 바랍니다.

다음의 내용으로 〈보기〉와 같이 사연을 써 보십시오.

구체적 고민 수줍음을 많이 타서 남학생이 많은 과에 적응하기가 어려움.
낯을 가리는 성격 때문에 팀별로 실험하는 수업이 힘듦.
사교성이 없는 성격 때문에 잦은 과모임이 부담스러움.

요청 사항 일대일 개인 면담을 원함. 면담 시간과 신청 방법에 대한 정보 요청

02 끝인사

감사의 인사를 쓰고 답변을 기다리는 마음을 표현한다.

보기

감사의 인사, 조언을 기다리며 끝인사

제 고민을 읽어 주셔서 감사합니다. 그럼 선생님의 따뜻한 조언을 기다리며 이만 줄이겠습니다.

다음의 내용으로 〈보기〉와 같이 끝인사를 써 보십시오.

감사의 인사, 조언을 기다리며 끝인사

과제 상담 메일 쓰기

1. 상담 메일에 쓸 내용을 다음 표에 간단히 메모하십시오.

첫머리	
사연	
끝인사	

2. 상담 메일을 써 보십시오.

정리해 봅시다

친구와 각자 쓴 상담 메일을 바꾸어 읽고 서로에게 조언을 해 주십시오.

04 실수와 사과

학/습/목/표 수필 형식의 실수담을 쓸 수 있다.

준비해 봅시다

◎ 다음을 읽고 질문에 대답하십시오.

사람은 실수 없이는 성공하지 못한다고 한다. 어렸을 때부터 많이 들었던 말이다. 이렇게 외국에 와 보니 그 말뜻을 더욱 실감하게 되었다. 2년 전 한국에 처음 왔을 때의 일은 지금 생각해도 부끄럽다.

그때 나는 "안녕하세요"의 '안'도 몰랐었고 생활에 필요한 말은 발음을 듣고 외워야 했다. 어느 날 가게에 가면 "하나 주세요."라는 말을 해야 한다는 것을 배운 나는 "하나 주세요."라는 말을 중얼거리면서 가게에 도착했다. 나는 가게 아저씨에게 외운 대로 말한다는 게 "아저씨, 안아 주세요."라고 했고 아저씨는 곤란한 얼굴로 나를 한참 바라보다가 껄껄 웃으셨다. 그때의 아저씨 얼굴을 아직도 잊을 수가 없다. 그래도 그 실수는 한국 생활의 좋은 추억이 되었다. 그 일 때문에 나는 "하나"라는 단어를 발음할 때마다 신경을 쓰는 것은 물론 죽을 때까지 그 단어는 잊어버리지 않을 것이다.

나는 이렇게 한국 생활을 하면서 많은 실수를 했고 아직도 하면서 살고 있다. 그러나 내가 이런 실수를 할 때마다 한국 사람들은 나를 따뜻하게 이해해 주었고 일일이 잘못된 점을 가르쳐 주었다. 이렇게 고마운 사람들을 위해서라도 나는 힘든 유학 생활을 열심히 할 것이다. 또한 나도 실수하는 사람에게 따뜻한 미소를 보내는 사람이 될 것이다. 실수는 추억이 될 뿐만 아니라 성장의 씨앗이 된다. 실수의 씨앗을 성공의 꽃으로 피우기 위해 열심히 세상과 부딪히며 살아야겠다.

1. 무엇에 대한 글입니까? ( )

① 한국 생활의 어려움 ② 한국말 때문에 했던 실수
③ 한국 친구를 사귀는 방법 ④ 한국어를 공부하는 이유

2. 이 사람에 대해서 맞게 설명한 것은 무엇입니까? ( )

① 실수에 대해서 긍정적으로 생각하고 있다.
③ 이제는 한국에서 실수를 하지 않게 되었다.
③ 한국에서 한 실수는 나쁜 기억으로 남아 있다.
④ 한국에 처음 왔을 때 한국말을 조금 할 수 있었다.

3. 여러분은 어떤 실수에 대해서 수필을 써 보고 싶습니까?

써 봅시다

◎ 수필을 쓸 때 문장은 구체적인 표현으로 쉽게 써서 이해하기 쉬워야 하며 실제 경험에서 나온 거짓 없는 글이어야 한다.

◎ 처음-중간-끝으로 구성되며 각 부분의 비율은 1 : 3 : 1로 하는 것이 이상적이다.

01 처음

글을 쓰게 된 동기나 자신이 쓰게 될 이야기의 배경을 기술한다.

보기

실수는 사람에게 후회와 실망을 주기 때문에 사람들은 실수를 싫어하고 피해야 하는 것으로 생각한다. 그러나 나는 다르다. 작년에 한국어 수업 시간에 실수를 했는데 그 경험을 통해 실수가 나쁜 것만은 아니라고 생각하게 되었다.

➡ 자신이 했던 실수 경험으로 〈보기〉와 같이 처음 부분을 써 보십시오.

02 중간

자신의 경험을 구체적인 표현으로 생생하고 솔직하게 기술한다.

보기

지난 해 어느 날 선생님이 한국어를 강의하시면서 요즘 한국의 젊은이들은 젓가락 같이 마른 사람을 미인으로 여기는 경향이 있다는 내용의 신문 기사를 읽어 주셨다. 그 다음 선생님은 누가 이 기사 내용을 요약해 보라고 하셔서 나는 자신 있게 손을 들었다. 그리고 나는 다음과 같이 말했다. "한국 젊은이들은 몸매가 숟가락 같이 생긴 사람을 미인으로 여긴다는 내용입니다." 순간 교실은 "와아"하는 웃음소리가 터졌다. 나는 잠시 어리둥절해 하다가 곧 나의 실수를 깨달았다. 이전부터도 나는 항상 숟가락과 젓가락을 혼동하곤 했었고 오늘도 그만 그렇게 바꿔서 말하고 만 것이다.

➡ 앞의 【01 처음】에 이어서 〈보기〉와 같이 중간 부분을 써 보십시오.

03 끝

자신의 경험을 통해 깨닫게 된 교훈이나 의지를 기술한다.

보기

이 세상을 살면서 실수를 하지 않는 사람은 없다. 실수는 무서운 것이 아니다. 오히려 실수는 성공으로 가는 길이다. 나 역시 그 날의 실수를 거울삼아 헷갈리는 단어를 말하기 전에는 한 번 더 생각해 보고 말하는 습관이 생겼다. 실수는 나의 좋은 선생님이다. 나는 실수를 통해서 많은 것을 배우고 있다.

➡ 앞의 【02 중간】에 이어서 〈보기〉와 같이 끝 부분을 써 보십시오.

과제 실수담 쓰기

1. 실수담에 쓸 내용을 다음 표에 간단히 메모하십시오.

처음	
중간	
끝	

2. 실수담을 써 보십시오.

정리해 봅시다

친구와 각자 쓴 실수담을 바꾸어 읽어 보고 느낌을 이야기해 보십시오.

05 부탁과 거절

학/습/목/표 공공시설 개선에 대해 건의하는 글을 쓸 수 있다.

준비해 봅시다

◎ 다음을 읽고 질문에 대답하십시오.

ㄱ. 제목	도서관 자료에 대해서 건의하고자 합니다.
ㄴ. ________	저는 중국에서 온 유학생 왕웨이입니다.
ㄷ. ________	경영학과에 입학하기 위해서 준비하고 있는데 중국어로 쓰인 경영학 책을 빌리려고 도서관에 갔더니 중국어로 된 책이 없다고 합니다. 우리 도서관은 좋은 시설을 갖추고 있습니다. 그러나 시설에 비해 자료가 다양하지 않은 것 같습니다. 특히 중국 유학생이 많은데 다른 친구들도 불편을 겪는 것 같습니다.
ㄹ. ________	도서관에 중국어로 된 다양한 자료들을 갖추어 놓았으면 합니다.
ㅁ. ________	그렇게 되면 중국 유학생들이 다양한 공부를 하고 대학 입학 준비를 하는 데에 많은 도움이 될 것 같습니다. 또 우리 대학교 유학생의 학문적 수준을 전체적으로 높이는 데에도 도움이 되리라고 생각합니다. 적극적으로 검토해 주시기를 부탁드립니다.

1. 다음에서 맞는 것을 골라 ㄴ~ㅁ에 써 봅시다.

건의　　현황 및 문제점　　자기소개　　개선 효과

2. 무엇이 불편합니까? (　　　)

❶ 도서관 시설이 불편하다.
❷ 도서관에 소음이 심하다.
❸ 도서관에 소설책이 없다.
❹ 도서관 자료가 충분하지 않다.

3. 여러분은 무엇에 대해 건의문을 써 보고 싶습니까?

써 봅시다

01 제목

가장 문제가 되는 상황을 명사형이나 한 문장으로 간단하게 쓴다.

보기

식당 테이블이 작고 불편하다

식당 시설에 대해서 건의 드리고자 합니다.

물품 보관소가 없어서 불편하다.

물품 보관소 설치에 대한 건의

도서관을 늦게까지 개방했으면 좋겠다.

도서관 개방 시간 관련 건의

다음의 상황에 대해 〈보기〉와 같이 건의문의 제목을 써 보십시오.

화장실에 비누가 없어서 불편하다.

통학 버스가 오는 시간이 너무 이르다.

공원에 쓰레기통이 없어서 불편하다.

02 자기소개

자신이 하는 일, 자신이 사는 곳 등을 써서 자신이 누구인지 간단히 밝힌다.

보기

신촌 거주 / 중국인

저는 신촌에 사는 중국인 학생입니다.

베트남 사람 / 한국 대학교 입학 희망

저는 베트남 사람으로 한국 대학교에 입학하려고 한국에 왔습니다.

다음의 내용으로 〈보기〉와 같이 자기소개를 써 보십시오.

중국 유학생 / 대학입시 준비 중

일본인 / 한국인과 결혼, 일산 거주

이촌동 거주 / 서울 시민

03 현황 및 문제점

문제가 되는 상황을 쓰고 무엇이 문제인지 밝힌다.

보기

상황 1	경영학 책을 빌리러 중앙도서관에 갔다.	어학당 학생은 책을 빌릴 수가 없다고 했다.

보통 어학당의 도서관을 자주 이용하는 편입니다. 그런데 경영학 책이 필요해서 중앙도서관에 빌리러 갔더니 어학당 학생은 책을 빌릴 수 없다는 것입니다. 어학당 학생 중에서 대학 입학 준비를 하는 학생이 많은데 입학 준비를 위해서는 전공뿐만 아니라 한국 사회, 역사, 문화에 대한 공부를 많이 해야 합니다. 그런데 중앙 도서관에서 그런 책들을 빌릴 수 없다면 공부하기가 힘들 것 같습니다.

다음의 상황에서 하나를 골라 〈보기〉와 같이 현황 및 문제점을 써 보십시오.

상황 2	공중 화장실에서 손을 씻으려고 했다.	비누가 없었고 물도 잘 나오지 않았다.
상황 3	가방이 무거워 물품 보관소에 가방을 보관하려고 했다.	주위에 물품 보관소가 한 군데도 없었다.
상황 4	장학금을 신청하려고 했다.	한 번 장학금을 탄 사람에게는 다시 주지 않는다고 했다.
상황 5	공원에서 쓰레기를 버리기 위해서 쓰레기통을 찾았다.	아무리 찾아도 없었다.
상황 6	휴게실에서 쉬려고 했다.	담배를 피우는 학생들이 있었다. 공기가 나쁘고 편하게 쉴 수가 없었다.

상황 (　　　)

04 건의 사항

건의하고 싶은 내용을 분명하게 쓴다.

보기

상황 1	외국 유학생들도 도서관에서 책을 빌릴 수 있게 되었으면 합니다.

➡ 위의 상황에서 하나를 골라 〈보기〉와 같이 건의 사항을 써 보십시오.

상황 (　　　)

....

....

05 개선 효과

건의한 대로 되면 어떻게 좋아질지 쓴다.

보기

상황 1	그렇게 된다면 학생들이 학교 시설에 대한 만족도가 높아질 것이라고 생각됩니다. 만족도가 높아지면 더 많은 중국의 유학생들이 이 학교에 지원할 거라고 생각합니다.

➡ 위의 상황에서 하나를 골라 〈보기〉와 같이 개선 효과를 써 보십시오.

상황 (　　　)

....

....

과제 건의하는 글 쓰기

1. 다음 중 건의하는 글을 써서 보내고 싶은 곳 하나를 골라 쓸 내용을 다음 표에 간단히 메모하십시오.

어학당 학교 서울 시청 한국관광공사 기타: ____________________

제목	
자기소개	
현황 및 문제점	
건의	
개선 효과	

2. 건의하는 글을 써 보십시오.

정리해 봅시다

친구들의 글을 읽은 후 가장 먼저 개선되었으면 하는 것을 골라 그 이유를 이야기해 보십시오.

06 서비스센터

학/습/목/표 인터넷 게시판에 서비스 개선을 요구하는 글을 쓸 수 있다.

준비해 봅시다

◎ 다음을 읽고 질문에 대답하십시오.

소비자	성 명	정영수	글 쓴 날짜	2009.12.13
물품명	물 품 명	MP3	판매방법	인터넷쇼핑
	구입일자	2009.11.3	가 격	153,000원
업 체	업 체 명	신촌전자		
상담이유	서비스 불만			
상담내용	저는 09년 11월 3일 M마트에서 판매하는 게임 기능이 있는 MP3를 구매했습니다. 그리고 판매자 분께서 알려주신 사이트에서 게임을 받아 실행을 했습니다. 그런데 MP3가 계속 멈추고 소리가 이상하게 났습니다. 판매자가 시키는 대로 리셋버튼을 누르고 다시 한 번 해 봤는데 또 멈추더라고요. 그래서 게임에 문제가 있나 싶어서 지우고 다른 게임을 넣었는데도 문제가 있었습니다. 또 충전할 때 멈추기까지 했습니다. 결국 AS를 보냈는데 11월 말에 보낸 MP3를 12월 5일에 보내주겠다더니 물건이 안 왔습니다. 확인해 보니 배송 날짜를 미룬 것입니다. 그 후로 물건 배달은 계속 미루어졌습니다. 그래서 결국 환불 요청을 했습니다. 그런데 환불기간 지났다고 못 해주겠다고 합니다. 물건의 문제와 판매자의 불친절 때문에 화가 나서 환불을 요청했는데 계속 못 해주겠다고 미루다가, 문자통보도 없이 AS 보낸 물품을 배송했습니다. 이 경우는 기계 때문에 발생한 문제이므로 회사 측은 환불을 해 주시기 바랍니다.			

1. 이 사람이 구입한 제품의 문제가 아닌 것은 무엇입니까? (   )

❶ 소리가 이상하게 난다　　❷ 충전이 제대로 되지 않는다.
❸ 작동이 잘 되지 않는다.　　❹ 화면이 잘 보이지 않는다.

2. 이 사람은 서비스센터에 무엇을 요청하고 있습니까? (   )

❶ 돈으로 되돌려 받고 싶다.　　❷ 물건을 교환하고 싶다.
❸ 상담원의 사과를 받고 싶다.　　❹ 무상 수리를 받고 싶다.

3. 여러분은 물건을 산 후에 AS를 신청했으나 서비스를 받지 못한 적이 있습니까?

써 봅시다

01 제품에 대한 설명

제품명, 구매일시, 장소, 기능, 가격 등 제품에 대한 정보를 설명한다.

보기

MP3 연세전자 2009년 11월 3일 대형할인점 가격 125,000원 게임기능

저는 2009년 11월 3일 연세전자에서 판매하는 MP3를 대형할인점에서 구매하였습니다. 가격은 125,000원이었고, 게임 기능이 있는 신제품입니다.

〈보기〉와 같이 제품에 대한 설명을 써 보십시오.

전자사전	AB전자	2009년 11월 15일
용산 전자상가 내 M마트	최신형 모델(RD-EM500)	가격 230,000원

02 문제

1. 기계의 문제, 작동 할 때의 문제 등 제품의 문제점을 자세히 설명한다.

보기

- 전원을 켜도 작동하지 않음
- 소음이 심하게 남
- 표면에 긁힌 상처가 있음

전원을 켰는데도 MP3가 작동을 하지 않는 것입니다. 몇 번을 시도해 보니 한 번 작동을 한 후에 또 멈췄습니다. 다시 실행해 봤지만 역시 작동되지 않고, 가끔 소음이 심하게 났습니다. 그리고 기계의 표면에 긁힌 상처도 있었습니다.

다음의 상황으로 〈보기〉와 같이 제품의 문제점을 써 보십시오.

- 버튼을 눌렀을 때 부팅 시간이 오래 걸림
- 액정 화면이 나오지 않아서 내용을 읽을 수 없음
- 소음이 심함

2. 고객 상담실의 처리과정 등 전반적인 불만의 내용을 설명한다.

보기

- 고객 상담실에 전화해 AS를 보냄
- 상담원이 내가 실수한 것이 아니냐고 함

결국 고객 상담실에 전화해서 AS를 보냈습니다. 그런데 1주일 후에 상담원이 전화를 해서 혹시 내가 떨어뜨려서 깨진 것이 아니냐고 했습니다. 너무 화가 나서 그런 일이 없다고 했습니다. 그때서야 상담원은 무상 수리를 해 주겠다고 했습니다.

다음의 상황으로 〈보기〉와 같이 고객 상담실에 대한 불만 내용을 써 보십시오.

- 고객만족센터에 전화를 해서 AS를 신청 했으나 배송 지연
- 상담원의 불친절한 태도

03 요청사항

환불, 교환 등 자신의 요구사항을 정리한다.

보기

- 수리를 해도 정상적으로 작동할지 알 수 없음
- 신제품으로 교환 또는 환불 요청

그 제품은 수리를 한다고 해도 정상적으로 작동할지 믿을 수가 없습니다. 구입한 제품에 문제가 있으므로 신제품으로 교환해 주시든가 환불을 해 주시기 바랍니다.

〈보기〉와 같이 자신의 요구사항을 써 보십시오.

- 수리한 제품이 마음에 들지 않아 신제품으로 교환 요청
- 무상 수리나 환불 요청

과제 인터넷 게시판 글 쓰기

1. 자신의 물건 중 하나를 골라서 인터넷 게시판 글에 쓸 내용을 다음 표에 간단히 메모하십시오.

제 품	
문 제 점	
요구사항	

2. 인터넷 게시판 글을 써 보십시오.

<table>
<tr><td>소 비 자</td><td>성 명</td><td></td><td>글쓴날짜</td><td></td></tr>
<tr><td rowspan="2">물 품 명</td><td>물 품 명</td><td></td><td>판매방법</td><td></td></tr>
<tr><td>구입일자</td><td></td><td>가 격</td><td></td></tr>
<tr><td>업 체</td><td>업 체 명</td><td colspan="3"></td></tr>
<tr><td>상담이유</td><td colspan="4"></td></tr>
<tr><td>상담내용</td><td colspan="4"></td></tr>
</table>

정리해 봅시다

위의 글을 읽고 여러분이 담당자라면 불만 사항에 대해서 어떻게 대답할지 이야기해 보십시오.

07 변화

학/습/목/표 변화를 나타내는 자료를 보고 설명하는 글을 쓸 수 있다.

준비해 봅시다

◎ 다음을 읽고 질문에 대답하십시오.

[표] 초등학교와 학생 수 변화

연도	1980	1990	2000	2008
초등학교(개)	6,487	6,335	5,267	5,813
학생(천 명)	5,658.0	4,868.5	4,020.0	3,672.2

(가) 위의 표는 1980년부터 2008년까지 한국의 초등학교 수와 학생 수의 변화를 나타낸 것이다. 초등학교는 1980년 6,487개에서 1990년 6,335개, 2000년에는 5,267개로 감소했다가 2008년에 조금 증가했다. 학생 수는 꾸준히 줄어들고 있다. 1980년 5,658,000명에서 2008년 현재 3,672,200명으로 35% 정도 감소한 것으로 나타났다.

(나) 초등학교 학생이 줄어든 가장 큰 이유는 저출산 때문이라고 할 수 있다. 과거에 비해 결혼하는 나이가 높아지고, 미혼 인구가 늘어나 아이를 많이 낳지 않고 있다. 또 아이들을 기르고 교육시키는 데에 돈이 많이 들기 때문에 아이 낳기를 부담스러워하는 것으로 보인다.

(다) 초등학생의 수가 계속 감소한다면 문을 닫는 초등학교가 많아질 것이다. 또 초등학교 교사에 대한 수요가 낮아져서 그만큼 청년들의 취업 기회가 줄 것으로 예상된다. 더 큰 문제는 국가적으로 젊은 인구가 점점 줄어들어 국가 경쟁력이 약해질 수도 있다는 것이다. 이런 문제가 생기지 않도록 국가가 자녀 양육비와 교육비를 지원하는 등 여러 가지 노력을 해야 할 것이다.

1. 관계있는 것끼리 연결하십시오.

(가) • • 원인 분석

(나) • • 자료 설명

(다) • • 미래 예측

2. 초등학교 학생이 줄어든 이유에 해당하는 것에 ✓표 하십시오.

경제력 향상 ☐ 결혼 연령 상승 ☐ 미혼 인구 증가 ☐
교육비 부담 ☐ 교사 수 감소 ☐

3. 여러분 나라에서도 비슷한 변화가 있는지 이야기해 보십시오.

써 봅시다

01 자료 설명

자료가 무엇에 대한 것인지, 어떤 변화를 보이는지 설명한다.

보기

자료 1 인구 구조

연도	1970	1980	1990	2000	2009
총인구	32,240,827	38,123,775	42,869,283	47,008,111	48,746,693
0-14세 (%)	13,709,367 (42.5)	12,950,775 (34.0)	10,973,592 (25.6)	9,911,229 (21.1)	8,180,366 (16.8)
15-64세 (%)	17,540,152 (54.4)	23,716,967 (62.2)	29,700,607 (69.3)	33,701,986 (71.1)	35,373,617 (72.6)
65세 이상(%)	991,308 (3.1)	1,456,033 (3.8)	2,195,084 (5.1)	3,394,896 (7.2)	5,192,710 (10.7)

위 표는 1970년부터 2009년까지의 인구 구조 변화를 나타낸 표이다. 1970년 3200만 명 정도였던 인구가 2009년에는 약 4900만 명으로 증가했다. 0-14세는 전체 수가 계속 줄고 있음을 볼 수 있다. 또한 전체 인구에서 차지하는 비중도 감소해 1970년에는 총인구의 42%를 차지했는데 2009년에는 16.8%에 그치고 있다. 반면 15세 이상의 인구는 증가하고 있음을 알 수 있다. 특히 1970년에 비해 2009년 15-64세의 인구는 1.3배 늘었지만 65세 이상의 인구는 3배 이상 늘었음을 볼 수 있다.

다음 [자료]들 중에서 하나를 골라 〈보기〉와 같이 써 보십시오.

자료 2 자살률

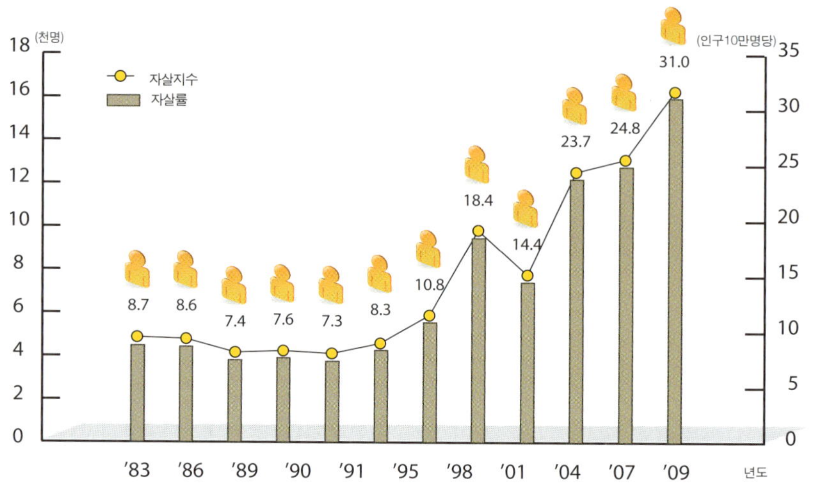

자료 3 총 이혼건수

연도	1970	1980	1990	2000	2008
이혼건수	11,615	23,662	45,694	119,455	116,535

자료 4 1인당 국민총소득

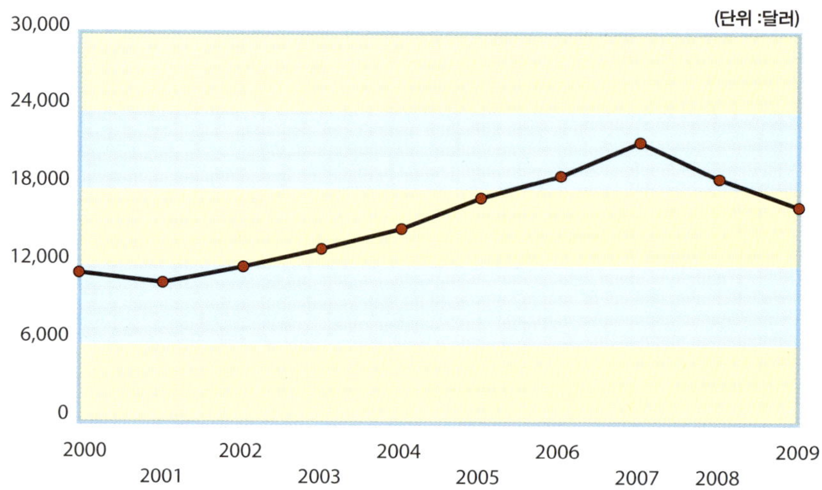

자료

02 원인 분석

자료에 나타난 결과가 왜 생겼는지 원인을 분석한다.

보기

자료 1 인구 구조

0-14세 인구가 감소한 이유는 저출산 때문이다. 출산율이 낮아진 이유는 결혼을 늦게 하거나 안 하는 여자들이 늘고 있고 결혼을 해도 경제적인 이유로 아이를 많이 낳지 않는 부부가 늘었기 때문이라고 볼 수 있다. 65세 이상 인구가 증가한 이유는 의학기술이 발달해서 건강하게 오래 사는 노인들이 많아졌기 때문이라고 할 수 있다.

➡ 위의 [자료]들 중에서 하나를 골라 〈보기〉와 같이 써 보십시오.

자료

03 미래 예측

자료에 나타난 변화가 계속되면 미래에 어떻게 될지 예측한다.

보기

자료 1 인구 구조

이런 변화가 계속된다면 젊은 인구는 줄고 노인 인구가 점점 많아질 것이다. 노인을 위한 시설이나 제도도 새롭게 만들어질 것으로 예상된다. 그러나 젊은 인구들의 사회적 책임이 커지고 결국 국가 경쟁력이 약해질 수도 있다. 따라서 정부에서는 국민들이 아이를 많이 낳는 환경을 만들어야 한다. 교육비가 많이 들지 않도록 교육 환경을 바꿔야 하고 일하는 여자들이 아이를 맡길 곳이 없어서 아이를 낳지 않는 일이 없도록 아이를 돌보는 시설을 늘려야 한다.

➡ 위의 [자료]들 중에서 하나를 골라 〈보기〉와 같이 써 보십시오.

자료

과제 자료 보고 설명하는 글쓰기

1. 다음 자료를 보고 쓸 내용을 표에 간단히 메모하십시오.

표 6 자가용 등록 현황

연도	1970	1980	1990	2000	2008
자가용 (대)	28,687	178,513	1,902,067	7,798,452	12,025,715

자료 설명	
원인 분석	
미래 예측	

2. 자료를 설명하는 글을 써 보십시오.

정리해 봅시다

친구의 글을 읽어 보고 원인 분석, 미래 예측에 대한 내용이 자신의 것과 어떻게 다른지 이야기해 보십시오.

08 인터넷

학/습/목/표 인터넷과 관련된 주제로 주장하는 글을 쓸 수 있다.

준비해 봅시다

◎ 다음을 읽고 질문에 대답하십시오.

서론	우리나라의 인터넷 사이트는 성별, 나이, 주민등록번호, 전화번호, 주소 등의 개인 정보를 요구한다. 그런데 한국인터넷진흥원에서는 매년 개인정보가 노출된 웹페이지를 1만~2만 개씩 찾아내고 있다고 한다. 개인 정보 유출은 심각한 문제라고 볼 수 있다.
본론	개인 정보가 유출되면 개인적으로, 사회적으로 여러 가지 부작용을 낳는다. 먼저, 이메일과 휴대폰을 통해 스팸 메일과 문자에 시달리게 된다. 개인 정보를 손에 넣은 업체들은 개인의 성별, 나이, 학력 등 신상을 파악해 그에 맞는 광고 메일을 보내기도 한다. 또, 개인 정보가 해킹 당해서 범죄에 이용되기도 한다. 가장 심각한 범죄는 다른 사람의 이름을 이용해서 휴대폰을 산 후에 범죄를 저지르거나 은행에서 돈을 빌리거나 하는 것들이다.
결론	이제는 스마트폰이 나와서 언제 어디에서나 인터넷을 할 수 있는 세상이다. 그만큼 생활 깊이 들어와 있는 인터넷을 안심하고 이용할 수 있도록 정부에서는 개인 정보 관리에 관한 법을 강화하고 정보를 안전하게 지키는 기술을 개발할 필요가 있다.

1. 위 글은 무엇에 대한 글입니까? (　　)

❶ 인터넷의 편리함을 설명하는 글
❷ 인터넷의 여러 가지 부작용을 나열한 글
❸ 인터넷 개인 정보 관리의 문제점을 지적하는 글
❹ 스마트폰 사용에 따른 미래 사회 모습을 예측하는 글

2. 다음은 서론, 본론, 결론 중 무엇과 관계가 있습니까? 관계있는 것에 ✓표 하십시오.

	서론	본론	결론
• 읽는 사람의 관심을 끈다.	☐	☐	☐
• 전체 의견을 종합한다.	☐	☐	☐
• 자신의 의견을 주장한다.	☐	☐	☐
• 문제를 제기하고 논제를 제시한다.	☐	☐	☐
• 주장하는 의견에 대한 근거를 제시한다.	☐	☐	☐
• 앞으로의 일을 전망하거나 새로운 과제를 제시한다.	☐	☐	☐

3. 여러분 나라에서는 개인 정보를 요구하는 인터넷 사이트가 많습니까?

써 봅시다

01 서론

서론에서는 읽는 사람의 관심을 끄는 것으로 시작해 사례를 통해 문제를 제기하고 논제를 제시한다.

보기

악플로 인한 연예인 자살	(읽는 사람의 관심 끌기)
악플은 큰 사회 문제	(문제 제기)
실명제가 필요함.	(논제 제시)

요즘 한국에서는 인터넷의 악플에 상처를 받아서 자살을 하는 연예인이 많다. 일반인들도 익명의 인터넷 게시판에서 상처를 받고 기분이 상하는 경우가 많아서 악플을 달지 말자는 공익 광고가 나오고 좋은 댓글을 달자는 선플 달기 캠페인이 생길 정도이다. 이처럼 악플은 심각한 사회문제라고 볼 수 있다. 이러한 문제를 해결할 수 있는 방법 중의 하나는 실명제를 실시하는 것이다.

〈보기〉와 같이 인터넷 실명제에 반대하는 글의 서론을 써 보십시오.

2006년 인터넷 실명제 도입-찬반 논란 많음. (읽는 사람의 관심 끌기)
선진국에 인터넷 실명제가 없음. (문제 제기)
실명제는 문제가 많음. (표현의 자유 제한 등) (논제 제시)

02 본론

본론에서는 자신의 의견을 주장하고 주장하는 의견에 대한 근거를 제시한다.

보기

실명제로 악플 감소, 책임 의식을 가지고 글을 올리게 됨. (주장)
악플은 인터넷의 익명성 때문임. (근거 제시)
표현의 자유를 제한한다는 주장은 사실이 아님. 실명으로 정부 비판 가능함. (주장=반대 의견 반박)
정부 홈페이지 게시판, 조직의 시위 활동 등 (근거 제시)

인터넷 실명제를 실시하면 악플이 감소할 것이다. 악플은 인터넷에 글을 올릴 때 익명으로 올릴 수 있어서 생기는 문제이기 때문이다. 실명제를 실시하면 책임 의식을 가지고 글을 올리게 될 것이다. 실명제를 반대하는 사람들은 실명제가 표현의 자유를 주장한다고 하지만 이런 주장에는 문제가 있다고 생각한다. 실명으로 얼마든지 정부와 여당을 비판할 수가 있기 때문이다. 정부나 여당의 홈페이지 게시판에는 실명으로 글을 올리게 되어 있는데 여기에는 비판하는 글도 많다. 이미 실명으로 비판하는 사람들이 있다는 것이다.

〈보기〉와 같이 본론을 써 보십시오.

실명제가 악플을 줄인다는 보장이 없음.	(주장)
실제 악플이 줄었다는 통계 자료가 없음.	(근거 제시)
실명제는 건강한 사회를 만들 수 없음.	(주장)
다양한 의견을 자유롭게 표현하는 사회가 건강한 사회임. 이런 사회를 위해서는 익명성이 중요한 역할을 함.	(근거 제시)

03 결론

결론에서는 전체 내용을 종합하고 앞으로의 일을 전망하거나 새로운 과제를 제시한다.

보기

한국은 인터넷 강국. 환경은 우수하나 악플 문제 해결이 필요함.	(종합)
실명제로 악플 문제를 해결하면 진정한 인터넷 강국이 될 것임.	(전망)

한국은 인터넷 보급률이 높고 인터넷의 속도도 빠른 인터넷 강국이다. 그러나 악플이라는 사회 문제가 있다. 이러한 악플 문제는 실명제로 해결해야 한다. 실명제를 실시하면 인터넷 공간에서 책임 의식이 생겨 한국은 시설뿐만 아니라 문화적인 면에서도 진정한 인터넷 강국이 될 것이다.

〈보기〉와 같이 결론을 써 보십시오.

실명제로 악플 문제의 근본적 해결이 불가능함. 오히려 사회 발전을 해침. (종합)
시민의식이 더 중요함. 시간이 지나면 선진국처럼 인터넷 문화가 안정될 것임. (전망)

과제 주장하는 글 쓰기

1. 다음 주제로 주장하는 글에 쓸 내용을 다음 표에 간단히 메모하십시오.

인터넷을 통한 불법 다운로드

서론	
본론	
결론	

2. 주장하는 글을 써 보십시오.

정리해 봅시다

친구의 글을 읽고 주장하는 내용과 그 근거가 자신의 글과 어떻게 다른지 비교해 보십시오.

09 대중문화

학/습/목/표 영화를 보고 자신의 감상을 쓸 수 있다.

준비해 봅시다

◎ 다음을 읽고 질문에 대답하십시오.

처음	가	봉준호 감독이 만든 영화 『괴물』은 한강에서 괴물이 나타난다는 사건을 통해서, 현대사회의 문제점과 가족의 의미를 보여주는 영화이다. 2006년에 개봉한 이 영화는 천만 명 이상의 관객들이 관람하여 한국 영화 중 최고의 흥행작품이 되었다.
중간	나	이 영화는 평화로운 한강의 풍경에서 시작된다. 주인공 강두의 가족은 한강변에서 작은 매점을 운영하며 살아간다. 그런데 갑자기 한강 속에서 정체를 알 수 없는 괴물이 나타나고, 강두의 딸 현서가 괴물에게 잡혀간다. 강두의 가족은 현서를 구하기 위해서 한강 다리 밑을 찾아다닌다. 마침내 괴물과 마주친 강두와 그의 여동생은 괴물을 쓰러뜨렸으나, 현서는 이미 죽어 있었다. 강두는 현서와 함께 잡혀 있었던 어린 소년을 데리고 와서 함께 살아간다.
	다	이 영화에서 가장 인상적인 장면은 강두가 어린 딸을 찾기 위해서 병원을 탈출하는 장면이었다. 위험한 상황인데도 한강으로 달려가는 주인공의 모습에서 딸을 생각하는 아버지의 마음을 느낄 수 있었다.
	라	감독은 이 영화를 통해서 여러 가지 위험 속에 살아가는 현대인의 삶을 보여주고 있다. 가장 익숙한 공간인 한강 속에 괴물이 살고 있다는 사실은, 우리의 일상생활이 언제라도 위험 속에 빠질 수 있다는 것을 의미하는 것이다. 이 영화는 위험 상황 속에서, 가족의 사랑이 서로를 구해줄 수 있다는 것을 이야기한다.
끝	마	이 영화에서 괴물에게 잡혀간 딸을 구하는 것은 경찰이 아니라 가족들이다. 서로를 믿고 이해하는 가족 간의 사랑이야말로 이 시대에 꼭 필요한 것이 아닐까. 영화 속에서 가족들이 싸우고 미워하면서도 서로 이해하게 되는 과정이 감동적이다.

1. 위 글의 각 문단은 무엇에 대해서 쓴 것입니까? 맞는 것을 연결하십시오.

가 •	• 특징 및 인상적인 장면
나 •	• 주제 의식
다 •	• 감상
라 •	• 줄거리
마 •	• 영화 소개

2. 위 글의 내용과 다른 것은 무엇입니까? ( )

① 가족의 소중함을 알려주는 영화이다.
② 이 영화는 국가의 문제 해결 능력을 보여 주었다.
③ 영화의 공간적 배경은 한강 근처이다.
④ 영화는 위험 속에 살아가는 현대인의 모습을 보여 주었다.

3. 여러분이 좋아하는 영화는 무엇입니까? 그 영화에 대해서 이야기해 보십시오.

써 봅시다

01 영화 소개

영화에 대한 간단한 정보와 영화의 특징을 쓴다.

보기

제목 : 아바타(Avatar)
감독 : 제임스 카메룬
출연 : 샘 워싱턴, 조 샐다나, 시고니 위버
장르 : SF 모험 영화
개봉 : 2009.12.17

세계 영화계를 떠들썩하게 만든 〈아바타〉는 제임스 카메룬 감독이 만든 3차원 입체 영화이다. 3D 특수 촬영을 통해서 영화의 장면을 현실처럼 실감나게 표현하여, 많은 관객들의 관심을 모았다.

➡ 여러분이 좋아하는 영화에 대해 〈보기〉와 같이 소개를 써 보십시오.

02 줄거리

영화의 내용을 간단하게 요약하여 쓴다.

보기

이 영화는 지구의 에너지가 부족해진 인간들이 판도라 행성에서 새로운 자원을 찾으려고 하는 내용으로 시작한다. 이를 위해 판도라의 주민 나비족의 모습에 인간의 의식을 연결하여 조종하는 '아바타' 프로그램을 개발한다. 주인공 제이크는 아바타 프로그램 개발팀이었던 쌍둥이형이 죽은 후에 그를 대신해 아바타를 조종하는 일을 담당하게 된다. 제이크의 아바타는 판도라의 주민인 나비족에게 가서 그 일원으로 인정받으며, 나비족의 여인 네이티리와 사랑에 빠진다.

제이크는 판도라 행성의 아름답고 신비한 자연에 점점 동화되어 가지만, 지구인들은 자원을 차지하기 위해서 판도라의 자연을 파괴하기 시작한다. 지구인의 공격이 시작되자 제이크는 나비족의 편에 서서 싸우고, 마침내 판도라의 모든 동식물과 나비족이 함께 지구인을 물리치게 된다.

➡ 〈보기〉와 같이 영화의 줄거리를 써 보십시오.

03 특징 및 인상적인 장면

영화에서 인상적인 장면, 배경 음악, 배우들의 연기 등에 대해서 쓴다.

보기

'아바타(avatar)'는 사이버공간에서 사용자의 역할을 대신하는 애니메이션 캐릭터를 부르는 말로 사용되고 있다. 이 영화에서 가장 인상적인 장면 중의 하나는 하반신이 마비된 제이크가 처음 아바타에 연결되어 발가락을 움직이는 순간의 기쁨을 표현한 장면이다. 그는 현실에서는 하반신 마비이지만 아바타로서 나비족의 몸을 갖게 되고 자유롭게 숲을 뛰어다닌다. 현실에서 이루지 못하는 일을 대신 이루어 주는 '아바타'는 누구나 한 번쯤 꿈꾸는 환상이다.

영화에서 사랑에 빠진 연인 '제이크'와 '네이티리'가 서로의 몸에 손을 얹고 사랑한다는 말 대신 "I see you"라고 말하는 장면이 나온다. 이때 주제곡으로 흐르는 'I see you (당신을 봅니다)'는 사랑을 통해 서로의 존재를 '보고' 또 진실한 자신을 찾는다는 주제 의식을 잘 표현하고 있다.

➡ 〈보기〉와 같이 영화의 특징과 인상적인 점을 써 보십시오.

04 주제의식

영화를 만든 감독의 의도나 주제의식을 정리하여 쓴다.

보기

영화에서는 아바타를 이용해 나비족의 영토를 빼앗으려는 지구인이 자연을 파괴하는 장면을 보여준다. 이러한 장면을 통해서 감독은 이기심과 폭력이 지배하는 현실을 되돌아보게 한다.

➡ 〈보기〉와 같이 영화에 나타난 주제의식에 대해서 써 보십시오.

05 감상 및 비평

자신의 감상이나 영화에 대한 평가를 쓴다.

보기

과학은 인간의 편리한 삶을 위해서 발전하여 왔지만, 그 때문에 인간들은 진짜 중요한 삶을 잃어버리게 되었다. 인간이 이러한 '슬픔의 시대'를 벗어나기 위해서는 자연과 함께 살아가는 진정한 삶을 되찾아야 한다.

➡ 〈보기〉와 같이 영화에 대한 감상이나 평가를 써 보십시오.

....

....

....

과제 영화 감상 쓰기

1. 자신이 좋아하는 영화를 한 편 고르고, 감상하는 글에 쓸 내용을 다음 표에 간단히 메모하십시오.

처음	영화 소개	
중간	줄거리	
	특징과 인상적인 장면	
	주제 의식	
끝	감상	

2. 영화 감상을 써 보십시오.

정리해 봅시다

친구가 쓴 글을 읽어보고 느낌을 이야기해 봅시다.

10 건강

학/습/목/표 주어진 정보를 이용하여 기삿글을 쓸 수 있다.

준비해 봅시다

◎ 다음을 읽고 질문에 대답하십시오.

제목	______________________________
(ㄱ)	보건복지가족부는 19일 앞으로는 고열량 · 저영양 식품에 대한 TV 광고가 제한된다고 밝혔다.
(ㄴ)	복지부 관계자는 현재 비만 인구 중 5세 이하 어린이는 4200만 명 정도이며, 아동비만을 줄이기 위해서 TV 등을 통한 광고를 제한한다고 말했다. 앞으로 3년 동안 오후 5시부터 7시까지 햄버거와 과자류, 청량음료 등 고열량 · 저영양 식품의 TV 광고가 금지될 것으로 보인다.
(ㄷ)	보건복지부는 어렸을 때 비만이 된 아이들은 성인이 되어서도 비만이 될 가능성이 높기 때문에 어렸을 때, 올바른 식습관을 가지도록 하는 것이 중요하다고 밝혔다. 이를 위해서 앞으로는 학교 안에서 이들 식품을 판매하는 것도 금지시킬 예정이라고 덧붙였다.

1. 윗글의 (ㄱ), (ㄴ), (ㄷ)에 알맞은 말을 아래에서 찾으십시오.

전문　　　부연　　　본문

2. 위 기사의 제목으로 적당한 것은 무엇입니까? (　　)

① 비만 어린이 증가
② 고열량 식품 판매 중단
③ 고열량 식품 광고 금지
④ 올바른 식습관의 중요성

3. 최근에 읽은 신문기사에 대해서 이야기해 봅시다.

써 봅시다

01 전문

기사의 원칙에 맞추어 쓴다. (누가, 언제, 어디서, 무엇을, 어떻게, 왜)

보기

누가	보건복지부
언제	2월 19일
왜	청소년들의 건강을 위해
어디서	중^고등학교에서
무엇을	청소년 금연 교육
어떻게	실시한다고 밝혔다.

보건복지부는 2월 19일 청소년들의 건강을 위해 중·고등학교에서 '청소년 금연 교육'을 실시한다고 밝혔다.

다음의 내용으로 기사 전문을 〈보기〉와 같이 써 보십시오.

누가	건강보험공단
언제	3월14일
왜	국민들에게 건강의 필요성을 알리기 위해
어디서	종부종합청사
무엇을	수면장애에 관한 조사 결과
어떻게	발표했다.

02 본문

서두의 내용을 구체적으로 쓴다. 구체적인 자료나 전문가의 말을 인용한다.

보기

정보제공자 보건복지부 관계자
조사결과 흡연청소년 17.5% 증가
앞으로도 더욱 증가할 것으로 보임.
흡연으로 인한 문제
청소년 흡연은 기억력을 나빠지게 하여, 수업 시간에 집중하지 못 하게 함.
청소년 흡연은 성인 흡연으로 이어져 고혈압, 폐암 등의 병을 발생시킴.

보건 복지부 관계자는 흡연 청소년의 비율이 1999년에 비해 17.5% 증가하였다고 밝혔다. 그리고 앞으로도 청소년의 흡연이 더욱 증가할 것으로 보인다고 밝혔다. 이 관계자는 청소년 흡연은 기억력을 나쁘게 하여, 수업 시간에 집중하지 못하게 한다고 말했다. 또 청소년 흡연은 성인 흡연으로 이어져 고혈압, 폐암 등의 병을 발생시키므로 매우 위험하다고 지적했다.

다음의 내용으로 기삿글의 본문을 〈보기〉와 같이 써 보십시오.

정보제공자 **박상진** 일산병원 교수(정신과)
- 수면 장애의 원인 - 경제적 어려움과 취직 문제로 인한 불안과 스트레스 등
- 수면 장애의 문제점 - 두통과 소화 장애 등 건강에 문제가 생김.

03 부연

본문을 보충하는 내용을 쓴다. 문제의 해결 방법이나 전망에 대해서 쓴다.

보기

보건복지부의 의견

청소년 흡연율을 줄이기 위한 대책 마련 필요함.

- 청소년들에게 담배 판매 금지
- 금연 교육과 금연을 도와주는 프로그램 개발

보건복지부는 청소년 흡연율을 줄이기 위한 대책 마련이 필요하다고 지적했다. 그리고 이를 위해서 청소년들에게 담배를 판매한 가게를 단속하고, 청소년을 대상으로 한 금연 교육과 금연을 도와주는 프로그램을 개발해야 한다고 덧붙였다.

다음의 내용으로 기삿글의 부연 부분을 〈보기〉와 같이 써 보십시오.

박상진 교수의 의견

수면 장애를 치료하기 위해 다음의 방법이 필요함.

- 적당한 운동과 휴식, 물과 채소를 많이 섭취할 것
- 편한 마음으로 스트레스를 줄일 것
- 심한 경우에는 병원에서 치료를 받을 것

과제 기삿글 쓰기

1. 다음 중 하나를 골라 기삿글에 쓸 내용을 간단히 메모하십시오.

• 컴퓨터 때문에 생기는 질병 • 건강에 대한 의식 • 비만의 원인과 해결책

전문	
본문	
부연	

2. 기삿글을 써 보십시오.

정리해 봅시다

다른 사람이 쓴 기삿글을 읽고 자신의 생각을 이야기해 봅시다.

부록

01 모범 답안

모범 답안

제1과 대학생활

【준비해 봅시다】

1. ㄱ : 전공 선택 동기
   ㄴ : 구체적인 학업 계획
   ㄷ : 장래 계획
2. 독서하기 (가) 봉사활동하기(가)
   동아리 활동 (가) 국제정치 공부하기 (나)
   외무고시 준비하기(나) 외국어 공부하기 (가)
   전공 이론 공부하기(나)
3. 자유롭게 대답

제2과 학교 행사

【준비해 봅시다】

1. '캠퍼스 드림파티' 행사
2. ④
3. 자유롭게 대답

제3과 성격

【준비해 봅시다】

1. ①
2. ④
3. 자유롭게 대답

제4과 실수와 사과

【준비해 봅시다】

1. ②
2. ①
3. 자유롭게 대답

제5과 부탁과 거절

【준비해 봅시다】

1. ㄴ. 자기소개 ㄷ. 현황 및 문제점
   ㄹ. 건의 ㅁ. 개선 효과
2. ④

제6과 서비스센터

【준비해 봅시다】

1. ④
2. ①
3. 자유롭게 대답

제7과 변화

【준비해 봅시다】

1. (가) 자료 설명 (나) 원인 분석 (다) 미래 예측
2. 결혼 연령 상승, 미혼 인구 증가, 교육비 부담

제8과 인터넷

【준비해 봅시다】

1. ③
2. 서론, 결론, 본론, 서론, 본론, 결론

제9과 대중문화

【준비해 봅시다】

1. 가 · · 특징 및 인상적 장면
   나 · · 주제의식
   다 · · 감상
   라 · · 줄거리
   마 · · 영화소개
2. ②
3. 자유롭게 대답

제10과 건강

【준비해 봅시다】

1. (ㄱ) 전문 (ㄴ) 본문 (ㄷ) 부연
2. ③
3. 자유롭게 대답